Is le

....

....

an leabhar seo

Tá mé an-mhór le Mamó agus le Daideo

Scríofa ag Jennifer Moore-Mallinos

Maisithe ag Marta Fàbrega

Leagan Gaeilge le Tadhg Mac Dhonnagáin

Futa Fata

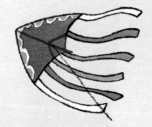

Tá mise an-mhór le mo Mhamó agus le mo Dhaideo.
Caithim go leor ama leo. Gach Domhnach, bíonn
dinnéar againn le Mamó agus le Daideo, ina
dteach siúd.

Cé mhéad Mamó atá agatsa? Agus cé mhéad
Daideo? B'fhéidir go bhfuil beirt Mhamó agat
agus beirt Dhaideo.

Tá plátaí agus gloiní speisialta ag
Mamó. Leagann sí amach ar an
mbord dúinne iad, nuair a thagamaid
Dé Domhnaigh. Bíonn milseoga áille
i gcónaí aici. An tseachtain seo caite,
rinne sí cáca seacláide – an ceann
is fearr a bhlais mé riamh i mo shaol!
Bhí sé fíorbhlasta!

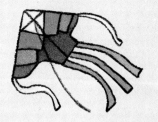

Bíonn scéalta ag Daideo i gcónaí faoin am a raibh sé féin beag. Ní raibh ríomhaire ná DVD ar bith ann an uair sin! Tar éis dinnéir, súimid síos agus imrímid cluiche cártaí nó cluiche táiplise nó dúradán. Sílim go ligeann Daideo dom buachan — ach is breá liom a bheith ag imirt leis!

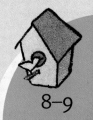

Daoine an-speisialta i mo shaol iad Mamó agus Daideo. Bíonn an-spraoi agam leo i gcónaí. Is breá liom féin agus le Daideo a bheith ag rásaíocht ar ár gcuid rothar sa pháirc. Is iontach an rothaí é Daideo! Ní bhím riamh in ann imeacht níos tapúla ná é!

Téim chuig an trá le
Mamó, uaireanta.
Is breá léi eitleoga a eitilt.
Tá an-scil aici ann! Imíonn
a heitleog sise níos airde
sa spéir ná ceann ar bith
eile ar an trá!

Ach nuair a bhíonn rás
ar an ngaineamh againn,
bíonn an bua agamsa i
gcónaí!

Tá Mamó agus Daideo an-chliste.
Bíonn siad ag múineadh rudaí nua
dom an t-am ar fad. Múineann Mamó
rudaí suimiúla faoin ngairdín dom, nó
conas cácaí a bhácáil. Taispeánann
Daideo dom conas rudaí a dhéanamh
amach as adhmad. Rinneamar muilte
gaoithe le chéile agus teachín
álainn do na héin!

Tá Mamó agus Daideo an-chineálta. Inné, bhí cóisir speisialta acu le haghaidh máthair Mhamó – sin í mo shin-seanmháthair! Mamó Mhór a thugaimid uirthi.

Tá sise an-speisialta chomh maith. Cuireann sí ag gáire i gcónaí mé. Uair amháin, nuair a tháinig sí ar cuairt, thug sí bosca seanghrianghraf léi. Bhí sé an-ghreannmhar Mamó Mhór a fheiceáil nuair a bhí sí óg agus í gléasta in éadaí seanfhaiseanta agus stíleanna aisteacha gruaige aici!

Ach le tamall anuas, tá athrú ag teacht ar Mhamó Mhór – tá sí ag éirí an-sean. Bhí an t-uafás coinnle ar a cáca breithlae, inné. Dath liath atá ar a cuid gruaige. Tá roic ar a héadan agus bíonn sí ag gáire agus í ag caint faoin stuif ar fad a chuireann sí orthu chun fáil réidh leo.

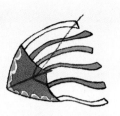

Níl Mamó Mhór in ann siúl chomh maith anois is a bhíodh cheana. Tá a cosa tuirseach agus bíonn pian iontu uaireanta. Tá bata siúil anois aici chun cabhrú léi agus í ag siúl thart. Níl sí in ann cispheil a imirt níos mó, mar a bhíodh sí uair amháin. Anois, suíonn sí síos ag féachaint orainne ag imirt agus bíonn sí ag béicíl orainn!

Níl Mamó ná Daideo an-sean —
tá siadsan in ann go leor cluichí éagsúla
a imirt i gcónaí. Ach lá éigin, beidh siadsan
an-sean chomh maith, cosúil le Mamó Mhór.
Nuair a tharlóidh sé sin, beidh
mise brónach. Beidh mé ag
smaoineamh siar ar na rásaí
rothar agus ar an eitilt
eitleog ar an trá.

Nuair a bheidh Mamó agus Daideo an-sean, is sa teach s'againne a bheidh an dinnéar Dé Domhnaigh. Tabharfaidh mise cúnamh do mo Mhamaí na plátaí agus na gloiní speisialta a leagan ar an mbord agus déanfaidh Daidí milseog speisialta, díreach mar a dhéanadh Mamó dúinne.

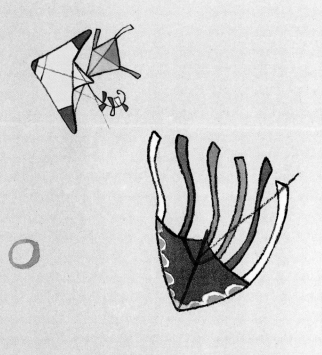

Ach is cuma cén aois a bheidh
ag Mamó agus ag Daideo,
beidh spraoi againn i gcónaí.
Beidh mé féin agus Mamó ag
bácáil cácaí le chéile i gcónaí.
Mura mbíonn Daideo in ann
rásaíocht ar a rothar níos mó,
rachaidh an bheirt againn ag
siúl sa pháirc. Beidh Mamó go
hiontach ag eitilt eitleog, is
cuma cén aois a bheidh aici.
Agus beidh sí féin agus Daideo
i gcónaí go hiontach le gáire
a chur orm!

Beidh mise an-mhór i gcónaí le Mamó agus le Daideo. Bainfimid taitneamh i gcónaí as am a chaitheamh le chéile. Agus cé go dtiocfaidh athrú orthu ar an taobh amuigh, mar a tharla le Mamó Mhór, beidh siad mar a chéile i gcónaí ar an taobh istigh.

Tá an t-ádh ar pháistí ar nós mise, a bhfuil Mamó agus Daideo acu. Roinnt páistí, níl acu ach Mamó amháin. Daoine eile, níl acu ach Daideo amháin agus cónaí air i bhfad ó bhaile. Tá Mamó agus Daideo óg go leor ag roinnt páistí. Daoine eile, tá Mamó nó Daideo acu atá ag éirí an-sean. Ach pé saghas Mamó nó Daideo atá agat, is daoine an-speisialta go deo i do shaol iad!

Nóta do na daoine fásta

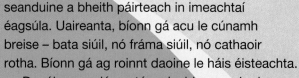

Ceiliúradh atá sa leabhar *Tá mé an-mhór le Mamó agus le Daideo* ar sheantuismitheoirí na cruinne, idir óg agus aosta. Aithníonn sé an pháirt speisialta a imríonn siad i saol teaghlaigh ar bith agus na rudaí iontacha ar fad a dhéanann siad chun an saol sin a dhéanamh níos deise agus níos fearr.

An aidhm atá leis an leabhar seo ná aird do pháiste a dhiriú ar thábhacht na seantuismitheoirí (agus níos mó ná riamh, tábhacht na sin-seantuismitheoirí) i saol an teaghlaigh. Tugann sé deis duit na daoine speisialta sin a phlé le do pháiste féin.

Is féidir an leabhar a úsáid chomh maith le cúnamh a thabhairt do do pháiste proiséas na haoise a thuiscint. Tugann sé deis na hathruithe fisiciúla a phlé agus a thabhairt faoi deara agus na dúshláin atá roimh sheandaoine a aithint. Is furasta cuid de na hathruithe sin a aithint – gruaig liath, cuir i gcás, nó craiceann rocach. De réir mar a théann daoine in aois, ní bhíonn siad in ann bogadh thart chomh réidh céanna. Ní bhíonn radharc na súl chomh maith acu is a bhíodh. Uaireanta, ní bhíonn an éisteacht go rómhaith ach oiread acu. Laghdaíonn na hathruithe sin an cumas atá ag an

seanduine a bheith páirteach in imeachtaí éagsúla. Uaireanta, bíonn gá acu le cúnamh breise – bata siúil, nó fráma siúil, nó cathaoir rotha. Bíonn gá ag roinnt daoine le háis éisteachta.

De réir mar a léann tú an leabhar seo le do pháiste, tá súil againn go bhfaighidh sé nó sí tuiscint bhreise ar na dúshláin a bhaineann le bheith ag éirí sean. Tá súil againn go gcothóidh sé meas breise ar sheandaoine go ginearálta.

Tá gach teaghlach éagsúil agus speisialta ar a bhealach féin. Seantuismitheoir amháin atá ag teaghlaigh áirithe, agus triúr nó ceathrar atá ag teaghlaigh eile. Tá líon na sin-seantuismitheoirí tar éis imeacht i méad go mór le tríocha bliain anuas. Cuid de na Mamónna agus na Daideonna, is i bhfad ó bhaile atá cónaí orthu – i dtíortha eile thar lear, uaireanta. Seantuismitheoirí eile, tá cónaí siar an bóthar orthu, nó fiú sa teach céanna leat féin agus le do pháiste. Tá seantuismitheoirí ann atá óg go leor agus tá cuid ann atá an-sean. Fiú na hainmneacha a thugaimid ar na seantuismitheoirí, tá siad speisialta – Mamó agus Daideo, in áiteanna, Nana agus Granda in áiteanna eile.

Tugann an leabhar seo deis chomh maith dúinn buíochas a ghlacadh lenár seantuismitheoirí faoin sonas agus faoin ngrá ar fad a thugann siad isteach inár saol. Agus ná déanaimis dearmad ar an méid seo – b'fhéidir go bhféachann ár seantuismitheoirí éagsúil uainn ar an taobh amuigh, ach ar an taobh istigh, ina gcroí istigh, tá siad chomh hóg agus níos óige, b'fhéidir, ná duine ar bith againn!

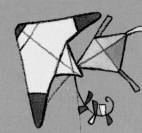

Scríofa ag Jennifer Moore-Mallinos
Maisithe ag Marta Fàbrega
Dearadh agus clóchur: Gemser Publications, S.L.

Leagan Gaeilge le Tadhg Mac Dhonnagáin
Clóchur Gaeilge: Anú Design

Foilsithe den chéad uair © 2006 ag Gemser Publications S.L.
Barcelona, An Spáinn, faoin teideal *Mis abuelitos son especiales*

Leagan Gaeilge © 2010 Futa Fata – an chéad chló

ISBN: 978-1-906907-07-5

An Chomhairle um Oideachas
Gaeltachta & Gaelscolaíochta

Glacann Futa Fata buíochas le COGG –
An Chomhairle um Oideachas Gaeltachta agus Gaelscolaíochta faoi chúnamh airgid
a chur ar fáil d'fhoilsiú na sraithe "Bímis ag Caint Faoi".